Évanescence

Mohamed Kamil Issa

Évanescence

Poésie

ISBN : 979-10-97375-44-7

Pour mon défunt père

Je tiens à remercier ma Femme Fatouma Idriss, mon frère Issa Kamil, Salem Abdallah, Houmed Ashkal et Ali Hamadou pour leur soutien indéfectible.

Préface

Évanescence, comme cette réalité qui fuit, cet amour qui n'en est pas un ; cette vie faite de trahison, de coup bas. N'est-ce pas ce monde cruel de notre époque que décrit l'auteur dans ces vers. Évanescence se termine sur un regard critique avec les poèmes "Justice injuste" et "Et si un jour". Tout le long de ce tumultueux torrent de critiques, de conseils et d'histoire, le lecteur aura navigué entre colère et compassion, révolte et résignation pour finalement découvrir que la réalité ne s'échappe pas, elle est là, tapie dans nos méchancetés, elle se nourrit de nos trahisons et souffle sur les braises de nos haines.

Évanescence, c'est aussi l'instant d'une amitié qui s'évapore ou d'un amour qui s'étiole. L'auteur nous apprend que rien n'est figé, tout n'est que brouillard. Derrière nos écrans de fumée, nous jonglons avec le bien et le mal. Tantôt en train de faire la guerre, nous voici en train d'aimer notre prochain avec fougue. Par moments, nous sommes enclins à accepter cet état des choses. Une voix susurre en nous que le monde est ainsi fait, cruel, instable. Comme nous aimons souvent dire, c'est une superbe roue qui tourne. Elle élève au firmament ceux qu'elle a broyés hier. Dans le poème les vices de l'homme, l'auteur décrit cette félicité que l'homme, dans son ignorance, ne peut jamais s'en délecter.

> « **L'homme de nature est aveugle à son mal**
> **Qui distingue à peine la boule et le cristal**
> **La chance lui sourit mais jamais ne se régale**
> **Il est habité par un esprit étroit et vénal** »

Mais parfois elle se grippe et l'injustice fauche sans ménagement. Le spleen fait nos jours. Les peines creusent les tombes de nos espoirs et la nuit s'installe dans nos vies. Évanescence se lit comme un dictionnaire des maux moucheté çà et là par des bribes d'un bonheur furtif.

Un recueil facile à lire et plein d'enseignements.

Rachid Hachi
Romancier/poète et éditeur

I. INNOCENCE

« Qui n'a rien appris des vicissitudes du monde,
n'apprendra rien d'aucun maître. »

Proverbe persan

La naissance

Sous chaque toit, on célèbre la naissance
Heureux événement, ô quelle providence !
On convie amis, familles et connaissances
Autour d'un banquet les hôtes s'empiffrent de
pitance

On chante et danse comme au jour du mariage
Pas de tristesses ne se lisent aux visages
On voit se mêler à cette joie tous les âges
Chacun reluque autour de lui et sirote son breuvage

Tout adulte, un beau jour, a songé au mariage
Pour multiplier des images propres à son lignage
Y en a qui attendent que passe d'abord l'orage
Pour ne pas se heurter très tôt aux vies de ménages

La réussite des enfants

Tout enfant doit courber l'échine aux injonctions des
parents
Tout comme le parent doit veiller au soin de son
enfant
Il nous incombe de leur inculquer la valeur et le
respect
En les encadrant et accompagnant dans leur petit
métier

Ces enfants bien orientés deviendront des élites sans
faille
Des modèles qui relèveront les défis de taille
Ils deviendront de futurs cadres qui feront avancer la
science
Des innovateurs et professeurs pouvant contrer la
déficience

Leur contribution va améliorer la vie de tous et des
sédentaires
Et leurs idéaux vont s'exporter vers l'extérieur
Et il y aura de quoi être fier de ces fils de main-
d'œuvre

De qui on scandera les noms pour immortaliser les
œuvres

Soit ! C'est ainsi que chacun conçoit les enfants de
demain
Intelligents, travailleurs avec une gloire à portée de
mains
Des enfants ambitieux, responsables et assidus au
devoir
Et surtout des enfants bénis qui ne vont jamais
décevoir

Enfants de rue

Quand est-ce qu'ils sortiront de l'opprobre ?
Est-ce qu'un jour ils seront sobres ?
Voilà les questions que se posent les parents implacables
Chérissant les siens et charriant ces êtres qu'ils jugent incapables

Ces débauchés qui se retrouvent au même endroit tous les soirs
Qui sourient même aux niais qui ne désirent pas les voir
Ô quelle insouciance devant cette innocence puérile
Bisounours, ils ignorent qui peut mettre leur vie en péril

Orphelins ! Raison pour laquelle ils dorment sur le trottoir
À même le sol ils s'entassent l'un sur l'autre dans le couloir
Et le danger les guette, en dormant dans de taudis
Le rapt aussi est un facteur tout comme les maladies

Voyons combien nous sommes indifférents et en retard

Pensons à réhabiliter ces enfants avant qu'il ne soit
tard
Prenons-les dans nos bras sans hausser le ton
Ils pourront retrouver leur âme d'enfants avec le
temps

Nos parents nous observent

Nos parents nous demandent d'être de modèles
Mais la vie nous enlève tous nos potentiels
On essaie quand même d'atteindre l'essentiel
Qu'on a du mal à quitter l'auberge et l'autel

Nos parents nous demandent aussi d'éviter de querelles
Pas de signes vulgaires, de doigt d'honneur et quenelle
D'éviter à tout prix d'adopter l'attitude rebelle
Histoire de sortir sa caboche sans séquelle

Ils nous conseillent de faire profil bas devant nos tutelles
Et de montrer l'affection et respect au membre du panel
Et de toujours respecter même si au fond ce n'est pas mutuel
Qu'il ne faut pas approcher de faux et des amis virtuels

Et enfin ils répétaient de ne pas dormir aux heures inhabituels

D'éviter les veillées comme les font à la guérite les
sentinelles

De ne pas être oisifs pour s"adonner aux ébats
sexuels

Car ces perversités charnelles deviennent vite
habituelles

La vie tumultueuse des ados

Comme de troglodytes ou des hommes de caverne
Ou des militaires fêtant leur victoire dans leurs casernes
Les ados, à la fleur de l'âge, créent du boucan dans les tavernes
Tapages nocturnes, ils boivent, dansent en se lançant de balivernes

Leur état, déplorable après la fête, nécessite des soins internes
Résultat de nuits torrides laissant leurs visages mornes et ternes
Leurs yeux, n'ayant pas connu de repos, laissent apparaître des cernes
Il faut bien qu'ils s'hibernent avant que les temps ne s'alternent

Ô quelle vie en mouvement mènent ces petits chefs et leurs subalternes !
Hier, tous petits, ils courraient derrière des camions citernes
Aujourd'hui grandis et imbus, les voilà qu'ils ne discernent

L'ampleur de vacarme qu'ils provoquent ni le mal
qui, en eux, gangrène

Confession d'une amie

Adolescente, la folie qui m'habitait n'était pas en moi
innée
Ce comportement d'écervelé, je l'avais bien adopté
En m'associant aux énergumènes qui des balles
étaient criblées
Et qui portaient des stigmates indélébiles pendant
des années

Vivant dans l'errance comme squatter solitaire
Comme un globe-trotter qui perdait son itinéraire
Je scrutais l'horizon et me tournais vers le seigneur
Pour sortir de la sororité, j'implorai la clémence du
sauveur

Et suite aux oraisons, par miracle j'ai changé
Cette Joueuse invétérée d'alors me voilà retirée
Du cercle infernal de l'enfer et de son emprise
De ce milieu carcéral dans lequel j'étais prise

L'amitié

L'amitié est un choix bien précieux
Les amis ne vont pas avec nous jusqu'aux cieux
Mais joviaux sont ceux qui d'amis entourés
Tandis que les casaniers atteints de spleen
mourraient

Des fois, on est trahi dans l'amitié
Mais on doit oublier et se dépasser
Et ne garder que les images d'un bon passé
Sans ressasser le mauvais afin d'éviter

De se perdre et passer à côté
De gens normaux et affectueux
Placides, lucides ou facétieux
Ou même de trublions pompeux

Il est bien d'être avec de timbrés ou fêlés
Que seul, car sans amis c'est mourir esseulé
Et mourir sans témoins, c'est partir sans dignité
Sans obsèques ni litanies ou oraisons récitées.

L'attente

On se laisse trop amadouer et attendrir
Par cette félicité qui tarde très souvent à venir
Les espoirs sont minces qu'on commence à fléchir
L'attente s'éternise et installe la peur pour notre avenir

Ô quand les affres de la vie nous consument
On perd en soi la confiance et l'estime
On observe les belles choses sublimes
Sans songer à les toucher de peur qu'on les abîme

Quelle poisse quand je pense à ces malheurs
De vivre inamovible une vie rude et austère !
Les uns s'affairent et les autres se réfèrent
On a tous de valeurs mais jamais droit au même bonheur

Que faire alors à part retourner vers le seigneur ?
Demander au créateur du ciel et de la terre son faveur
Implorer sa rédemption pour les erreurs
Ainsi tout sera, tous les jours meilleurs

La poisse

Nous voyons des gens tombés dans la déliquescence
À cause de leur insolence ou leur degré d'insouciance
De la violence crescendo dans toute sa quintessence
Avec une réminiscence empreinte de remontrance

Mais ces derniers font tout pour s'affranchir de cette souffrance
Parvenant à contrôler le déficit et venant à bout de leur indigence
C'est ainsi qu'à force de se battre et mettant leur mal en patience

Ils réussissent à changer le cours de leur existence
Et comme des âmes exorcisées après la délivrance
Ils savourent leur victoire baignée par trop de réjouissance

Quant à moi tiraillé de part et d'autre par une indolence
Je me retrouvais comme un infirme stoïque, dépourvu de sens
Une somnolence m'entraînait chaque jour dans une dégénérescence

Et clouait mes membres en me laissant sombrer dans une évanescence.

Ce n'est point dû à une maladie congénitale diagnostiquée à la naissance
Qui m'empêchait de réaliser et concevoir en avance
Les choses réalisables à laquelle je manquais malgré mon intelligence
Velléitaire, indécis, incapable avec toutes mes compétences

Alors est-ce parce que je manquais en moi cruellement de confiance ?
Ou que je n'allais pas à la rencontre des personnes d'influence ?
Que j'ai passé à chaque fois à côté de mes ultimes chances
Ou peut-être j'attirais la poisse et la malchance ?

La peur

Mes ennemis sont à mes trousses
Je plie mes bagages et ma trousse
Mon cœur est rempli de frousse
Ma peur se lit sur ma frimousse

Et par moments, je vois que je tousse
Je tremble et comme une poule je glousse
Perplexe et indécis, je rebrousse
Les chemins qui mènent à la brousse

Mes manches, je les retrousse
J'appelle des amis à la rescousse
Même si je ne les connais pas tous
Pour calmer un cœur en secousse

Oups ! Au loin je vois venir une rousse
On dirait une sirène des eaux douces
Elle me fait des avances que je repousse
Car j'ai entendu parler de femmes qui détroussent

L'aliéné

Il y a quelque chose qui sort de l'ordinaire
Un son me poursuit partout ailleurs
Tout autour de moi part en vrille
Je perds mes boulons, je grille

Cette étrange voix à l'intérieur de moi
Ce cri sporadique et strident me laisse en émoi
Et il n'est pas de moments qui passent
Sans que je me retrouve en face

Des instants d'urgence très délicats
Comme si je devais à quelqu'un du reliquat
Est-ce les vieux fantômes qui se réveillent
Me faisant voir de toutes les couleurs jusqu'au réveil ?

Ou alors mes cachets hallucinogènes
Qui sont à l'origine de mes troubles et gènes ?
Et à défaut de réponses à mon mal
Je cherche toujours d'où vient ce son anormal

Souvenirs

Ce que j'ai vu et retenu ici-bas sur terre
Sont les souvenirs dans lesquels je me perds
Les jolies choses se désirent mais ne durent guère
Les gens sans se connaître se déclarent la guerre
Les amoureux préfèrent rester célibataires

Les voyous que j'ai eu la malchance de côtoyer par
erreur
Sont devenus du jour au lendemain de garçons
d'honneur
Et tous ces enfants abandonnés par les pères
Ont retrouvé enfin l'antre de leurs mères

Et ceux qui jadis pataugeaient dans la poussière
Je les vois aujourd'hui étudier sous le lampadaire
Avec leurs corps gracieux dégageant l'odeur
Je voyais de lutteurs mesurer leur biceps et molaire

Et ces parfums sans odeur que j'ai ramenés d'ailleurs
Je les ai offerts à ces veuves qui débattent et
déblatèrent
Et cela attirait les jaloux et ces femmes commères

J'ai vu aussi des vieux grincheux visiter les cimetières

Sur un parterre, poser un bouquet de fleurs
Et j'ai vu aussi de choses que je préfère aujourd'hui
taire

Les moyens

Les virés nocturnes tous les soirs et surtout les
dimanches
De ces baroudeurs qui possèdent partout des ranchs

Cela nous rappelle qu'il faut travailler au lieu de faire
la manche
Ils ont tout fait pour réussir et ont eu du pain sur la
planche

Aujourd'hui ils gouvernent et ce sont eux qui
tranchent
Ils fêtent et c'est avec l'alcool que leur soif ils
l'étanchent

Mais ce qu'il faut savoir en revanche
Que les soubresauts peuvent entraîner des
avalanches
Mieux vaut ne pas trop surfer dans des surfaces
blanches

Et il ne rapporte rien de sauter sur chaque branche
Pour leur bien, à la fin qu'ils prennent du recul et se
retranchent

Quête pour la vie

Chaque soir dans le couloir
Je faisais des prières surérogatoires
Pour venir à bout de ce rêve éphémère et aléatoire
Qui décèlera les mystères que nous cache l'histoire

Il va falloir alors vérifier dans le tiroir
Ou allez très loin, loin de mon terroir
Trouver le sillon et la trace du manoir
Dans lesquels je trouverai ce livre du savoir

Oui partir et poursuivre ce rêve prémonitoire
Au milieu de mer jusqu'à son promontoire
Monticule protubérant qu'on dirait une oasis dans le
noir
Au fond d'une rive qui déferle par son mouvement
ondulatoire

Mais à la fin on ne peut que s'apercevoir
Que ce que nous cherchons se reflète comme un
miroir
On ne peut que l'observer sous la pénombre d'un soir
Sans même la découvrir, l'obtenir ou l'avoir

Se battre pour réussir

Dans la vie, pour réussir, il ne faut au plaisir de la facilité s'adonner
Tout homme sensé possède de qualité que Dieu lui a donnée
On remarque certes chez certains l'indolence et la velléité
Malgré leur immense talent comme le doigté et la dextérité

Tandis que d'autres avec leur bon mental trébuchent
Il leur est difficile de se frayer des chemins semés d'embûches
Pour goûter au miel, il faudra s'approcher de la cruche
Et affronter l'essaim d'abeilles qui volent autour de la ruche

La vie est une succession d'événements avec ses exigences
Avec un peu de chance, on peut améliorer son niveau d'existence
Seulement, il faut se dépenser pour ainsi remplir sa panse
Sans quoi il n'y aurait ni obole pas moins d'une once.

Et enfin les plus zélés, qui y parviennent, se verront
dans l'opulence
Ils jouiront de cette vie luxurieuse et s'imprégneront
de fragrance
En se payant des vacances au cœur de l'île de
jouvence
Sous le soleil de tropiques ou de Caraïbes, loin de
médisances

Mon père m'a dit

Mon père m'a dit que si un jour la vie me blesse
Tout ce que j'aurai à faire est que d'abord je cesse
De chialer à longueur de journée et montrer mes faiblesses
De raconter les afflictions et ces moments que je traverse

Et que pour y remédier je dois me retenir
Repousser les limites et me reconstruire
Sortir du milieu obscur destiné à me détruire
Que je dois contre vents et marées partir

Poursuivre mes désirs
Que sinon je veux me languir
Languir un jour, languir toujours, c'est vieillir
Que le futur est devant à qui veut la saisir

Que je dois comme les autres retrouver le sourire
Et que personne ne peut empêcher le soleil de luire
Que si aujourd'hui il m'amène ainsi à réfléchir
Ce que peut-être demain il pourrait trépasser et mourir

La responsabilité

À chaque fois que je me trompais
M'éloignant, sans scrupule, de la vérité
Mon père en phase de sénilité et cécité
Me prodiguait de conseils en aparté

Malheureusement mon père mourut sous mes yeux
Tirant sa révérence, il partit pour les cieux
Laissant derrière lui ses marmots et son lieu
Place à l'inhumation, j'alerte tous les vieux

Suivi par une horde de gens venus accompagner
Le corps du défunt jusqu'à son dernier foyer
Je suivais le cortège sous la houlette des aînés
Et je cachais les larmes pour ne pas heurter

La sensibilité des amis et voisins qui pourraient
craquer
Dans cet instant douloureux en me voyant pleurer
Mais après que ces cérémonies mortuaires aient été
terminées
La responsabilité revenait à moi bien que je restasse
le puîné

Moribond

Quelque chose est venu m'habiter
De jour en jour je perdais ma santé
Alité et me voilà valétudinaire
Je sanglote, diminué et grabataire

Le toubib dresse le bilan catastrophique
Disant que je souffre d'un mal endémique
Que mon pronostic vital est engagé
Ô combien je suis enragé !

En attendant de remèdes curatifs
On me traite par de soins palliatifs
Mais avec l'interaction de sédatifs
A d'autres analgésiques, je devenais inactif

Relié à une machine pour l'oxygène
Je voulais à tout prix quitter ce centre d'hygiène
Et au lieu de souffrir toutes les deux heures
d'anesthésie
Je préférais mourir une fois à l'aide de l'euthanasie

La mort

Hier l'on riait et aujourd'hui à la trappe
Inéluctable est la mort au goût de la grappe
Aujourd'hui cette réalité nous rattrape
Fidèle au rendez-vous nous atteint et nous frappe

Mourir est un devoir que chacun de nous passe
En laissant des traces, de séquelles qui ne s'effacent
On ressasse les années après années qui passent
On songe au lendemain mais un jour on trépasse

Où que nous naissions nous mourrons un jour
Laissons derrière nos amours, nos atours
Ô combien elle nous a bernés et joué de tours
Cette vie si éphémère et ses comptes à rebours !

II. Société

« Il y a plus de larmes versées sur la terre
qu'il n'y a d'eau dans l'océan. »

Bouddha

La société moderne

Dans de villes en perpétuels changements, faute de moyens
Les ruraux échappant à la sécheresse font comme les anciens,
Qui venus s'installer en ville ont eu le même droit que les citoyens
Loin du silence ils sont logés séparés juste par de murs mitoyens

Et nos parvenus s'installent dans des espaces exigus
Restreints, peu commodes et extrêmement contigus
Et dans l'attente de trouver un emploi pour lequel ils sont venus
Ils s'improvisent marchands ambulants et fructifient ses revenus

Tout comme les ruraux on voit les touristes qui s'affairent
Ainsi la ville devient cosmopolite et se prolifère
Et chaque année, des gens de différents univers
Viennent ajouter à cette ferveur une touche extérieure

Dès lors on voit se mêler de races aux divers visages

Dans cette plate-forme d'un melting-pot et de
brassage
Des peuples différents seront unis par les liens de
mariages
Sans clivage et donnera un peuple aux traits de
métissage

La canicule

Quand la canicule atteint son paroxysme
S'organiser est primordial de façons unanimes
Pour ne pas déplorer bon nombre de victimes
Parmi les personnes âgées et des enfants minimes

L'insolation et la déshydratation étant la cause de
mortalité
Des moyens humains et sanitaires doivent être
déployés
Et il est recommandé pour chacun de bien s'hydrater
Car la foudre et le spectre de la soif s'abattent sur la
santé

Certains préfèrent partir en vacances
Dans des contrées riches comme la France
D'autres à court de moyens pécuniaires
Restent au bercail malgré ce coup de chaleur

Et moi dans tout ça avec mon paravent
Je me rafraîchis devant la mer et son vent
Et pour oublier le désagrément estival
Je m'associe aux amateurs du festival

Enfant d'Afrique

Je ne serai jamais un renégat
Un transfuge, un quelconque scélérat
Qui quitte le navire comme un rat
Je ne suis pas non plus de l'émirat

Je préfère mourir comme Sankara
Ou encore Lumumba et Kwame N'krumah
Que vivre éperdument sous les diktats
De ces colons qui me tirent vers le bas

J'honorerai toujours la mémoire
De ces hardis combattants noirs
Qui étaient partis faire les devoirs
Sans rester sur les pages de l'histoire

Je chérirai cette Afrique comme elle m'a chéri
Et rassemblerai ses fils, ses épouses et maris
En contant l'histoire de ceux qui l'ont trahi
Car on est tous africains, fiers descendants de Lucy

Un voyage périlleux

On ne peut contenir ses émotions
En voyant les siens quitter leur nation
Entreprendre ce long périple et pérégrination
Malgré la mise en garde et multiples disparitions

On assiste aux vagues flux de toutes ces couches de populations
Voulant atteindre l'eldorado sans mesurer l'ampleur et mensurations
Incommensurables, car étant très éloignées d'autres destinations
Ô combien périssent en vain après plusieurs tentations !

Ce qui est étonnant ce que tous ces candidats à l'immigration
Insouciants et suivant leur intuition
Ignorent totalement la charte et la résolution
Des contrées qu'ils ont choisies pour être leur terre d'adoption

Et nous qui les regardons pensons qu'ils ont perdu la raison
Des jours passent et se suivent comme les saisons

Toutefois, nos voyageurs reviendront-ils à la maison ?
Donneront-ils signe de vie ou des nouvelles de leur situation ?

Péché originel

Pas de compassions ni des traitements de faveurs
Pour ces rejetons arrachés des griffes de leurs mères
Pauvres progénitures de couleurs sous le joug du
ravisseur
Contraints, ils vont entreprendre un périple en mer

Voyageant dans des conditions extrêmes pour être
troqué d'une fortune
Ces êtres ne décrocheront ni la lune et ne verront ni
la couleur de tunes
Les plus faibles serviront de cobayes pour faire
avancer la médecine
Tandis que d'autres travailleront dans de champs en
ruine

Ils gagneront leurs pains à la solde de leurs sueurs
Ils sont et resteront toujours dans ce calvaire
Assujettis et exposés à la rudesse et horreur
Tels seront leurs lots pour leurs honoraires

Comme un animal marqué au fer
On estimera chaque jour leur valeur
Armateurs, rabatteurs et autres acheteurs
Dresseront leur profil pour obtenir leur faveur

Le despote

Les instants ludiques ne sont pas sempiternels
Tout comme notre jeunesse rien n'est éternel
L'orgueil précède la chute des rois comme des
rebelles
Voici une histoire, écoutez que je vous la révèle !

Un être irascible très snob et souvent en colère
Insensible aux malheurs de ses congénères
Condescendant, hautain, vulgaire et sectaire
Régnait comme roi dans son harem, solitaire.

Il demandait à ses sujets qu'on le vénère
D'associer son nom à celui du seigneur
Il expropriait les terres des prolétaires
Et évacuait sa colère sur des âmes déjà en pleurs

Mais voilà qu'un beau jour un événement de grande
ampleur
Sonne l'alerte et annonce sa descente en enfer
Ce roi est frappé des maux et de multiples malheurs
Rongé et diminué sur son lit, il attendait son heure

Aucun praticien, aucun remède ne semblait taire
Ses gémissements et apaiser ses douleurs

Las de continuer sans soins ce calvaire
Il demanda qu'on lui ôte la vie et se meurt

Mon pays

Mon pays est en passe
De demeurer dans l'impasse
Ce bout de terre où jacasse
Un peuple loquace qu'on terrasse

Jadis doté d'infrastructures de masse
Voyons aujourd'hui où est sa place !
Les derniers chiffres la classent
Parmi les États tombés en disgrâce

Souvent rongé par la dette et la disette
Très peu se rassasiait de leur plat dans l'assiette
Les marmots et les femmes qui allaitent
Se contentaient des miettes et du reste

Qui sont les véritables auteurs de nos malheurs ?
Est-ce ces satanés vautours aux instincts grégaires ?
Est-ce ces roturiers aux emplois précaires ?
Ou encore ce despote que nous avons élu à la
primeur ?

Mais les réponses et les responsables ne sont ni dans
des suites
Ni dans l'enceinte du pays puisque ces voleurs sont
bel et bien en fuite

Ce n'est ni la première ou la dernière fois que cette
pratique culte
Est devenue chez nous un sport de prédilection, un
rite

Division

Notre pays, une fois a couru à sa perte à cause des divisions
Qui la secoua et la dirigea vers une éventuelle perdition
On signalait de part et d'autre la sédition
De la population qui refusait la domination et la sujétion

Ils sont comme tous, amener à la réflexion
Dans le but d'obtenir une réelle évolution
Une partition juste, une parfaite équation
Une répartition ou pour chacun une majoration

Comme tous n'avaient pas les mêmes assertions
On proposait d'abord d'exclure ce sentiment d'émulation
Pour que peut-être au final toutes les supputations
Ramènent à de réelles et plausibles solutions

Et enfin on a esquivé une conflagration
Tous ses composants et sa confédération
Se sont concertés c'est la symbiose et fusion
Pour porter haut les couleurs de notre nation

Déchu

Je faisais figure de proue
Et voilà qu'on m'emmène au trou
Hier à la première loge
Voilà qu'aujourd'hui on me déloge

J'ai servi mon pays comme un fou
Et pour me remercier on me traite de ripou
C'est la leçon que j'en tire
Tout ce que j'avais on me les retire

Quel avenir se dessine alors à l'horizon
Pour un homme congédié sans raison
Qui obtempérait au doigt et à l'œil, seul
Pour servir sa patrie tel un bon filleul ?

Hélas où le népotisme est une mince affaire
On peut déshabiller saint Paul pour habiller saint
Pierre
Encore dupe qui comme moi essaie de saisir l'affaire
devant la cour
Il perd le procès devant le juge qui restait sa seule
roue de secours

La loi du silence

Blesser quelqu'un à mort
Et feindre pour lui d'avoir de remords
Rouer quelqu'un de blessures
Et lui demander s'il a de fractures

Ce sont des scénarios pleins d'amalgames
Des manœuvres d'intimidation haut de gamme
Pour maintenir la population dans une spirale
De violence qui même sur internet devient virale

On se croirait à Lampedusa ou en Sicile
Où l'omerta a pris possession de l'île
Et où la population estime que le silence est d'or
Où chacun sur ses problèmes s'endort

Peut-être attendent-ils l'avènement
D'un signe annonciateur d'événement
Qui fera souffler un vent de changement
Pour sortir de cette léthargie entièrement

Partir

J'aimerais un jour sillonner un autre univers
Affronter des houles, défier vagues et mers
À la quête du bonheur et lendemain meilleur
Faire mieux qu'hier et réparer des erreurs

Oui partir loin très loin sans songer à revenir
Même si ciel et terre se liguent pour me retenir
Loin de ceux qui m'ont aimé et vu grandir
Parce qu'ici je n'ai rien de si beau à leur offrir

Quoiqu'il se raconte sous les toits
Je serai disposé à être loin de chez moi
Loin de la nature sauvage de ces chiens aux abois
Loin de ce lugubre taudis mais si près de ma foi

Je poursuivrai mon périple aux confins
Des zones reculées, des pays lointains
Où la liberté est à la portée de chacun
Où l'on se croise et l'on se serre la main

Où l'on chante et danse sous la lumière
Lumière de réverbère dans toute sa splendeur
Où l'été n'est pas rude en période de chaleur
Et l'hiver pas monotone, ni extrêmement sévère

III. Femme

« La femme est la ceinture qui tient le
pantalon de l'homme. »

Proverbe Africain

Ma mère

Quand on a une mère, on est toujours dans le temps
On avance chaque jour le cœur léger tout content
On franchit le palier et gravit les échelons
Et il est plus facile de monter au créneau ou toucher le fond

Chacun a ou a eu une mère qui a contribué à son élévation
Ma chère mère à moi m'a donné une bonne éducation
Élevé fièrement avec ses maigres rations
Au milieu d'une fratrie de cinq garçons

Aucune âme ne peut pallier son absence
J'ai mal quand j'apprends que pour donner naissance
Une mère a un pied en vie et l'autre au ciel baignant dans la souffrance
Comment peut-on dans ce cas ignorer son sacrifice, ô combien immense !

Ô seigneur je te prie toujours de la maintenir en vie
De lui donner une santé de fer et une parfaite vue
Sans oublier de prier pour toutes ces mères disparues
À ces mères courages qui dans mon songe sont apparues

Femme africaine

Femme émancipée, femme noble très courtisée !
Femme africaine, femme élancée toujours très prisée !
Femme bien sculptée par l'épreuve et l'adversité !
Ton rôle ne se limite pas au foyer et la maternité

Ornée par de boubous et autres parures
Pas besoin de friperie et de haute couture
Ta silhouette assez fine pour du sur-mesure
Ô quelle allure et prestance pour séduire !

Ces mécènes, imprésarios et leur clique
Feront de toi leur marque de fabrique
Tu seras leur égérie qui posera devant le public
Tu seras l'emblème, la Mascotte et le totem de
l'Afrique

Femme ordinaire, femme pudique !
Dévouée à ses traditions mythiques
Tu honores tes ancêtres par de rites mystiques
L'éthique pour toi n'est pas une chose ludique

La dépigmentation

Les filles d'aujourd'hui se dépigmentent
Pour paraître belles et dilettantes
Inconscientes du danger pour l'épiderme
Elles cherchent juste à être leucodermes

Ce phénomène prend de l'ampleur
Mettant à mal la tradition séculaire
Est-ce à cause de clichés ou stéréotypes ?
Ou pour la conquête de la gent masculine et de leur
tip ?

Ou encore ont-elles honte de leur mélanine
Qu'elles troquent leur radieuse peau avec le produit
de l'usine ?
Tant mieux si elles veulent être cette "femme
actuelle"
Femmes de rubrique, femmes modèles

Mais avec leurs traits et leurs fières allures
Elles se la jouent glamour et se projettent vers le
futur
Et au lieu de sonner le glas
Elles attirent les autres à emboîter ses pas

Le mérite

Je ne sais pas où est passé le mérite

Quand sont mises de côté toutes les femmes émérites

On décore les incultes et sans vergogne les félicite

On les présente au public pour remporter le plébiscite

Cette situation embarrassante est sans doute je cite

Une alternative qui courrouce toute personne qui milite

Pour l'égalité de droits et lutte contre cette forme d'iniquité qui existe

Et contre ces phallocrates misogynes et sexistes

La Princesse

Une princesse à qui tout le monde faisait la cour
Décida pour ces convoiteurs d'organiser un concours
Alertés par ce bruit, tous les colosses accourent
Certains étaient matures, d'autres dotés de bravoure

L'événement grandiose battait son plein au son des
tambours
L'ambiance est à son apothéose, chacun tient son
discours
Les prétendants doivent outre leur physique avoir de
l'humour
Espiègle ou sournois, voilà qu'ils se présentent ornés
de leurs atours

Saltimbanques, magiciens commencent par leurs
tours
Les tours de magie impressionnent la cour
Mais à la grande surprise, tous sont vite pris de court
La princesse succomba sous le charme par amour

D'un passant qui n'était même pas admis au
concours
Qui s'était par inadvertance aventuré au bon endroit
ce jour

On voit bien que l'homme finira son séjour
Dans un palace embelli de lustres de velours

Femme de Paname

Ô femme venue de Paname !
Mon cœur endolori te réclame
Tu as pris mon souffle et mon âme
Tu es mon feu et je suis ta flamme

Ô femme de l'hexagone femme de mes rêves !
Mon histoire commence et en même temps s'achève
Si à tes yeux je perds le souffle et crève
Donne-moi pour m'animer un peu de ta sève

Tu es venue et déjà tu repars dans ces eaux telle une
sirène
À bord du paquebot, ton départ me tient en haleine
Sublime créature tu te démarques comme une reine !
Te voilà partie dans ce pays de la seine

Étrangère mais proche de mon cœur
Je garde ton image à contrecœur
Tu as laissé en moi ce sentiment amer
Peut-être qu'un jour je te verrai ma chère

Un amour défendu

Tomber amoureux d'une sibylle magnifique
De son charme envoûtant et utopique
Qui commença par une œillade idyllique
M'entraîna dans un univers épique

Séduit par sa flagornerie, laudateur et dithyrambique
Sa beauté, son sourire enjoliveur et son aura exotique
Ajouté à cela une bonne coupe éthylique
Voilà que je me retrouve dans un monde onirique

Je me retrouve bien sûr dans son repaire rustique
Aux antipodes des sentiers et du milieu public
Au milieu des incantations au dessein mystique
Le soir elle chantonnait une mélopée sans musique

Charmé à mon insu par des oraisons magiques
Je n'avais d'yeux que pour elle qui, pour moi, était
l'unique
Possédé et captif voilà mon destin tragique
Cloîtré comme un domestique dans un antre
maléfique

Le Cajoleur et La Prude

Jadis tombeur notoire j'étais un peu à l'image de
Morphée
Je voyais mes copines comme de conquêtes ou de
trophée
Que j'affichais dans mon tableau de chasse pour
marquer le respect
Et ces preuves à l'appui permettaient à mes rivaux de
s'incliner

Un beau jour au cours d'un voyage j'ai vu débarquer
Une nonne immaculée qui m'a beaucoup marquée
Que je n'ai pas hésité à aborder malgré son air timoré
Mais ma joie fut de courte durée puisque totalement
ignoré

Passé pour la risée on oublie que je fus vénéré
Je comprends que le succès d'antan est vite enterré
Tout comme ma hache de lover que je dois déterrer
Ainsi mon exploit de séduction serait réitéré

Ô quelle femme aurait résisté de tomber
Sous le charme de Casanova au torse bombé
À part une sainte retranchée pour raison de piété
Prête à mourir pour Dieu même quand on l'empiétait

Le trousseau de la Mariée

La mariée avec son trousseau
Quitte la maison de son beau
Parce qu'elle trouve qu'il est puceau
Elle crie même sur tous les toits qu'il est sot

Hier pressée de le suivre et tout à fait contente
Aujourd'hui elle retourne chez ses parents,
mécontente
Elle perd patience et se lamente
Elle raconte à ses parents que son mari la tourmente

Est-ce parce qu'avec l'âge son mari devient frigide
Que sa peau change qu'il vieillit et qu'elle a honte de
ses rides ?
Ou les aléas de la vie ont rendu son corps fétide ?
Mais ce n'est pas une raison pour laisser un mari
dans le vide.

Quitter le foyer conjugal et laisser son mari à son sort
C'est cracher sur sa dépouille lui qui n'est pas mort
N'est-ce pas pour le meilleur et pour le pire, ou
alors ?
Sur un coup de tête on se décide, laisse son conjoint
et on sort

La rupture

Même un couple qui s'aimait trop un beau jour se
divise
Est-ce parce que leurs dernières ressources
s'amenuisent ?
Ou quand la volonté et l'amour en chacun s'épuisent
Ils se rejettent la faute et sans cesse ils s'accusent ?

Leur famille distincte s'oppose et ainsi le litige
Amène la discorde et dans le foyer l'on se fustige
L'ambiance vire au cauchemar comme un déluge
La cacophonie de la parade nuptiale donne du
vertige

Les tourtereaux d'hier liés par un acte matrimonial
Sont loin de mettre de côté leur orgueil déloyal
Subjugués à tort par les directives ou les codes
parentales
Ils ne semblent se calmer ; leur tempérament devient
glacial

Et voilà que l'instant fatidique approche
Les moments propices pour chacun de proches
D'aborder des sujets qui fâchent ou qui rapprochent
Devant les tribunaux qui traiteront de leur approche

IV. LES MAUX

« L'un des malheurs auxquels sont soumises les grandes intelligences, c'est de comprendre forcément toutes choses, les vices aussi bien que les vertus. »

Honoré de Balzac

L'usurpateur

Il y a de choses que je ne pourrai faire
Me faire passer pour un illustre notaire
Subtiliser le rôle et bénéficier de son statut d'auteur
Et jouir de sa notoriété pour obtenir quelques faveurs

J'ai beau assister par pléthore d'acteurs
En mal d'estime voulant voir décoller leur carrière
Falsifier les documents et s'approprier le titre du
sieur
Au lieu de gagner par le mérite ou en dépensant ses
sueurs

Nous voyons constamment sur cette terre
Des spécimens experts en la matière
Qui ont choisi de se bercer d'illusions éphémères
Pour soi-disant disent-ils protéger leur honneur

Or disons qu'ils peuvent s'estimer fiers
Et que personne ne pourra du boulevard et de la
pièce extraire
Leur patronyme collé et leur effigie qui montrent leur
valeur
Sont-ils fiers d'eux ces cupides sans scrupule, ces
voleurs

Personnage du net

C'est l'histoire d'un personnage de net
Qui aimait souvent voler la vedette
Aux âmes qu'il déteste, épie et guette
Tel un chasseur de têtes, souvent en cachette

Derrière son petit écran et son compte anonyme
Se crée une image d'adolescent magnanime
Il cause des dégâts qui ne sont pas minimes
On déplore chaque année bon nombre de victimes

Qui, en voulant tisser de relations intimes
Se retrouvent épris d'un individu qui s'estime
Qui dupe sous couvert du pseudonyme
Croyant que nul ne décortiquera son énigme

Éternel belliqueux du réseau asocial
Tu finiras un jour ta partition ainsi que ton récital
Débusquer sur la toile, tu seras dans les annales
Pour répondre un beau jour de ton mal le plus banal

Halte

Halte à tous ces calomniateurs !
Ces hommes imberbes en mal de repère
Ces diffamateurs qui ne peuvent se taire
Animés par une haine nuisible et délétère

Halte à vous femmes commères !
Marâtres et mauvaises mères
Épouses volages, nymphes sans cours
Ainsi que vous saintes vierges austères

Halte à vous mes seigneurs !
Gardez pour vous vos liturgies et prières !
Vos moines qui dépucellent les mômes dans les
monastères
Doivent tout comme vous songer à confesser leurs
erreurs

Et halte à vous rabbins qui sur les murs de
lamentations faites les prières
Lisez-moi les passages où Moïse dans son
commandement incite à la guerre
On n'oubliera jamais à Auswitch la cruauté nazie et
leurs tortionnaires
Mais les méthodes que vous employez aujourd'hui
sont similaires

Honte à vous certains imams menteurs
Qui dénigrent la vérité et préfèrent taire
L'excision et les douleurs que subissent nos sœurs
Qui dépouillent les veuves, les orphelins et voyageurs

Et enfin honte à l'humanité entière
Qui s'entredéchire et installe la peur
Qui gâte avec les pesticides les cultures vivrières
Qui pollue, déboise pour en faire de sa sphère un enfer !

L'indifférence

On ne peut pas percer le mystère
Des secrets sont enfouis sous mer
On nous demande d'apprendre par cœur
Les choses qui nous induisent dans l'erreur

Les religions sont frappées de stupeur
Les religieux soudoyés par les dictateurs
Font à moitié la tâche du seigneur
Les chrétiens chantonnent dans des sanctuaires

La gloire de leur éminent sauveur
Les musulmans louent la grandeur
Du créateur des cieux et de la terre
Mais ces religions ne s'attaquent aux profanateurs

Ces briseurs de foyers qui s'attaquent aux valeurs
Ces dépravateurs de mœurs
Ces allélophages qui se nourrissent de la chair
Et qui installent des climats d'horreurs
Dans ce globe terrestre et cet hémisphère

Science occulte

Seules les personnes parcimonieuses et incultes
Consultent les devins et leurs sciences occultes
Ils se détournent de la vérité et leur lieu de culte
C'est vraiment sidérant, abominable et même une
insulte

Pourquoi les gens se laissent mystifier par de
solutions miracles
Ces charlatans bernent bien ces ploucs qui les portent
au pinacle
On voit bien que les gens se satisfont des résultats de
l'oracle
Qui promet la pluie et le beau temps tout en leur
évitant la débâcle

Avec leurs simulacres et les figurines de leurs
maîtres et sorcières
Ces devins sulfureux et satanés créés d'argile et de
poussière
Doivent plier bagage pour habiter hors de la surface
ordinaire
Pour se rejoindre là où peuplent de formes des vies
extraordinaires

Car là où la parole et les préceptes de l'omniscient
prospèrent
Il ne peut exister une pratique qui ne va pas avec, de
paire
Soit l'on s'attache aux affabulations astrologiques
impaires
Ou soit à la vérité du seigneur qu'est la voie du salut
de nos pères

Les vices de l'homme

L'homme de nature est aveugle à son mal
Qui distingue à peine la boule et le cristal
La chance lui sourit mais jamais ne se régale
Il est habité par un esprit étroit et vénal

Irritable et maboul comme un forcené
Volage et frivole loin de sa dulcinée
Il s'éprend d'une première venue qui va l'envoûter
Et qui le chassera dès qu'il l'aura dégoûté

Ô pourquoi l'homme sombre-t-il dans la
dépréciation ?
D'où son seul lot de consolation c'est boire à
profusion
Au lieu de demander l'expiation, l'absolution
Il multiplie ses injures avec des amples accusations

Accuser dieu d'être à l'origine de ses tribulations
Est passible de sanctions en plus de malédictions
Les actions les plus viles résultent d'humiliation
Pauvres êtres, pourquoi sommes-nous tous en
perdition ?

La disparité

Les fossés se creusent entre les communautés
Ceux de la cité s'en prennent aux nantis et le comité
Ils s'accusent mutuellement chacun de leur côté
Au lieu de trouver de consensus à ces inégalités

Le chiffre indique énormément de disparité
Facteur déclencheur de tensions et rivalités
Alertées par le bruit et la grogne de ces dopés
Les forces de l'ordre accourent pour stopper

Les dégâts qu'auront causés les indignés sur les lieux
Mais la police met seulement la main sur ceux de banlieue
Racailles comme on les appelle dans le jargon policier
Ils seront déférés sous le regard de délateurs pernicieux

Que peut-on retenir alors de cette bavure musclée ?
Seuls les gueux sont enfermés, bouclés
Leur droit est bafoué et la vérité étouffée, ils sont muselés

Quant aux riches, ils ont fait parvenir de tract et ont
signalé

Qu'ils insistent à l'amélioration de leur aire de jeu
pour leur futilité
Tandis que les démunis se battent pour sortir de
l'extrême pauvreté
Il n'y a rien à expliquer et laisser à la postérité
L'humanité a perdu le sens même de civilité

Les indésirables

J'ai vu de gens venir de très loin travailler des heures fixes
Dans un milieu hostile et totalement sexiste
J'ai vu aussi des relations solides qui existent
Entre ces travailleurs et de citadins dans une relation mixte

J'ai compris aussi que ces étrangers étaient indésirables
Partout où ils allaient, ils étaient perçus comme minables
Ils étaient assimilés à des baudets de l'étable
Puisqu'ils ne savaient qu'arroser les terres arables

Nos métèques font face au lynchage et xénophobie
Ils sont victimes au quotidien des coups et ils ont la phobie
La phobie de sortir entre amis pour se livrer aux lubies
Surtout les nuits dans de lieux où monte la haine d'homophobie

Et moi qui suis témoin et spectateur de leur calvaire
Je ne peux apporter mon soutien à ces ancillaires

Venus assurer les travaux domestiques comme
auxiliaires
Pauvres travailleurs qui ont tout laissé derrière et
fuient la misère !

Le carnage

À ces frères qui tombent suite à une hécatombe
Frôlent la mort et succombent
Sous les feux intermittents de bombes
Sans sépulture et pas moins de tombes

À ces frères qui gisent au sol
Que les brasiers ardents immolent
Vos enfants au loin s'affolent
Ignorant que vos souffles s'envolent

À ces frères morts dans de rigoles
Vos enfants à vos bourreaux rigolent
Entassés, ils croupissent dans des geôles
Réduits par les maladies comme la rougeole

Que reste-t-il aujourd'hui de ces pétroles
De ces monuments historiques et son symbole ?
Vestiges d'une nation et de sa coupole
Qui se meurt à petit feu et s'étiole

Justice injuste

Nul n'est censé ignorer sa foi
Partout chacun fait sa loi
La criminalité au centuple s'accroît
Mais les États restent sans voix

La rumeur court et l'on croit
Jésus n'est pas mort sur la croix
Personne n'ose s'exprimer dans son patois
Mais les choses se murmurent sous les toits

La justice elle-même n'est pas juste
Quand elle rend de verdict assez triste
Les gens se bousculent dans les coulisses
Chacun à sa manière avance ses esquisses

Partout se mêlent astuces et excuses
On suborne les témoins. Ô stratagèmes et ruses !
Ce n'est ni celui qui crie ni l'autre qui récuse
Le procès est gagné par celui qui double la mise

Et si un jour

Et si un jour je parvenais à voler
Doté de pouvoirs que je pourrais contrôler
Qu'il ne tenait qu'à moi de suspendre le temps
De réguler et de créer de contretemps
De changer l'intensité, la direction du vent
D'inverser le cours de vie, le souffle assez souvent
Et si je pouvais provoquer d'incidents
Prévenir les malheurs et les accidents
Établir un lien entre beaucoup de gens
Effacer les souvenirs, les remords infligeant
Rappeler aux laquais que la cour du régent
Qu'occupent ces valets abrite aussi d'indigents
Si un jour je parviens à apaiser les tensions
Mettre d'accord les principaux belligérants
Instigateur, armateurs, dissidents et marchands
Au vassal dans son fief qui étale son argent
De pacha aux sultans du golfe et d'Orient
Réunis à table avec leurs frères d'Occident
Pour parler de paix et de résolution
Des solutions pour une et indivisible nation

Ô si ce jour arrive, place à l'exultation !
Ça sera de mon souhait sa réalisation

Ô combien sera grande ma satisfaction !
Je verserai beaucoup de larmes d'émotion

Table des matières

Achevé en octobre 2019 par ESL. – 3310 rue Goyer
Dépôt légal : octobre 2019
Canada

Made in the USA
Middletown, DE
17 January 2020

83151117R00057